Abdussalam Ismail Onagun
Muhammad Hadi Abdul Mutallab

O Impacto do Investimento Sukuk no Desenvolvimento da Economia dos EAU

Abdussalam Ismail Onagun
Muhammad Hadi Abdul Mutallab

O Impacto do Investimento Sukuk no Desenvolvimento da Economia dos EAU

Uma visão geral da emissão de Sukuk na Nigéria

ScienciaScripts

Imprint

Cover image: www.ingimage.com

This book is a translation from the original published under ISBN 978-613-8-38884-5.

Publisher:
Sciencia Scripts
is a trademark of
Dodo Books Indian Ocean Ltd. and OmniScriptum S.R.L publishing group

120 High Road, East Finchley, London, N2 9ED, United Kingdom
Str. Armeneasca 28/1, office 1, Chisinau MD-2012, Republic of Moldova, Europe
Printed at: see last page
ISBN: 978-620-5-79982-6

ÍNDICE

CAPÍTULO 1	**11**
CAPÍTULO 2	**15**
CAPÍTULO 3	**25**
CAPÍTULO 4	**30**

Abstrato

Sukuk (títulos islâmicos) é parte integrante da economia e finanças islâmicas. É uma excelente fonte de financiamento para governos ou empresas que anseiam por ferramentas compatíveis com a Shariah que possam fomentar o crescimento económico. Os governos de todo o mundo têm-se interessado profundamente em emitir e promover Sukukuk como os principais instrumentos financeiros e o governo dos EAU, particularmente o governo do Dubai, tomou a liderança para assegurar que o emirado seja um dos primeiros adaptadores do desenvolvimento de Sukukuk, a fim de diversificar a sua economia. Sukukuk, geralmente referido como obrigações conformes com a Shariah, uma alternativa às obrigações convencionais, que são consideradas inadmissíveis, com base nos requisitos da Shariah. As obrigações convencionais pagam "juros" e podem financiar empresas envolvidas em actividades não compatíveis com a Sharia (jogo, álcool, carne de porco, etc.). As obrigações Sukuk são estruturadas para cumprir a Sharia através do pagamento de lucros em vez de juros. Isto é conseguido através do envolvimento de um activo tangível no investimento. Os EAU registaram um sucesso substancial na implementação deste conceito, na medida em que estão prestes a tornar-se o centro do comércio da Sukukuk no mundo. Esta implementação substancial e bem sucedida de Sukukuk por parte dos EAU pode beneficiar a emissão de Sukukuk na República Federal da Nigéria, tendo em conta o enorme fosso infra-estrutural que a Nigéria enfrenta e os desafios que o Governo Federal está a enfrentar devido ao acentuado declínio das receitas petrolíferas. Este livro pretende examinar o impacto do desenvolvimento de Sukuk na diversificação da economia dos EAU, uma vez que os EAU possuem quase 10% das reservas totais mundiais, e não há dúvida de que o petróleo continuará a proporcionar o rendimento tanto para o crescimento económico como para a expansão dos serviços sociais por mais várias décadas. O objectivo desta investigação é destacar o impacto do Sukuk emitido pelo Nasdaq Dubai na economia dos EAU como um dos produtos financeiros de mais rápido crescimento nas Instituições Financeiras Islâmicas (IFIs). Finalmente, esta investigação irá analisar o potencial de tornar o Dubai como o centro da economia islâmica, de acordo com a visão do governo do Dubai e as previsões de oportunidades de crescimento económico na Dubai Expo 2020.

Palavras-chave:

Sukuk, Economia dos EAU, Produtos Financeiros, Crescimento Económico, Diversificação e Securitização

Introdução

Este livro visa estudar o impacto do produto de crescimento mais rápido nas finanças islâmicas e o seu papel no desenvolvimento da economia dos EAU. Sukuk (obrigação islâmica) é uma alternativa aos certificados de investimento com juros ou títulos de rendimento fixo, uma vez que é um produto de conformidade com a Shariah. Sukukuk oferece aos investidores um meio de subscrição de certificados que lhes dá o direito de receber uma parte dos lucros gerados por um activo subjacente capaz de ser negociado no mercado secundário (Dubai International Financial Center, 2009). Devido a isto, Sukukuk tornou-se um produto muito atractivo tanto para os emissores soberanos como para as empresas. Utilizaram o Sukuk para entrar numa gama mais vasta de fontes de financiamento devido ao crescente sofisticado financiamento e fins de investimento. O uso da palavra "Sukuk" também pode ser rastreado até à literatura comercial islâmica clássica. Foi utilizada para se referir aos certificados de bens ou mercearias como o método de pagamento dos salários dos funcionários do governo. Estes oficiais podiam mais tarde resgatar tais certificados de acordo com o seu consumo diário de bens ou mercearias.

Na sequência de uma economia islâmica em rápido crescimento, nos últimos anos assistiu-se a um surto na emissão de títulos do mercado de capitais islâmico *(Sukukuk)* por entidades empresariais e do sector público, no meio de uma maior procura de investimentos alternativos. medida que o mercado *Sukuk* continua a desenvolver-se, novos desafios e oportunidades para os gestores de dívida surgem à medida que os instrumentos financeiros estruturados estão a receber uma atenção crescente devido, em grande parte, a permitir a regulamentação do mercado de capitais e a inovação financeira destinada a estabelecer uma maior inclusão do cumprimento da *Shariah.* Estas poucas linhas irão procurar explicar e analisar a definição do desenvolvimento Sukuk. O livro analisará a estrutura NASDAQ Dubai Sukuk, e fornecerá os passos detalhados do impacto de *Sukuk* no desenvolvimento da economia dos EAU.

Sukuk moderno, por vezes referido aos títulos islâmicos, que são melhor descritos como certificados de investimento islâmicos. Esta distinção é tão crucial como importante, e é salientado ao longo deste trabalho pioneiro que *Sukukuk* não deve ser simplesmente considerado como um substituto para os títulos convencionais baseados em juros. O objectivo não é simplesmente conceber produtos financeiros que imitem letras e obrigações de taxa fixa e de taxa variável como se entende no Ocidente, mas sim desenvolver tipos inovadores de activos que cumpram a Shariah (lei islâmica). Espera-se que o que isto significa na prática se torne evidente para os leitores deste livro, mas vale a pena sublinhar aqui que os conceitos essenciais são: transparência e clareza de direitos e obrigações;

que os rendimentos de títulos devem estar relacionados com o objectivo para o qual o financiamento é utilizado, e não simplesmente incluir juros; e que os títulos devem ser apoiados por activos subjacentes reais, em vez de serem simplesmente derivados de papel. Os títulos de rendimento fixo islâmicos já estão a emergir como uma classe significativa de activos, e são tão potencialmente importantes para o investidor muçulmano como as obrigações convencionais são para os investidores em geral. Além disso, para os não-muçulmanos que já possuem obrigações convencionais, a aquisição da Sukukuk introduz uma nova classe de activos nas suas carteiras, trazendo mais diversidade bem-vinda e possivelmente reduzindo o risco.

Os potenciais de utilização do investimento Sukuk na Nigéria são tremendos, especialmente tendo em conta o enorme fosso infra-estrutural que a Nigéria enfrenta e os desafios que o Governo Federal está a enfrentar devido ao acentuado declínio das receitas do petróleo. Consequentemente, vários intervenientes no país estão a considerar técnicas de financiamento alternativas para satisfazer as suas necessidades de desenvolvimento de capital. Sukukuk é uma dessas alternativas que promete um aumento eficiente do capital e desenvolvimento infra-estrutural na Nigéria.

Este livro irá também discutir os factores de sucesso que facilitaram o sucesso de Sukukuk nos EAU, em oposição a outros. Além disso, o livro oferecerá sugestões que poderão melhorar o mercado Sukuk onde é deficiente.

Definição de Investimento Sukuk

Sukuk, (plural de *sakk),* frequentemente referido como "ligações islâmicas". É uma palavra árabe que se refere a "certificados", "obrigações islâmicas" e "segurança islâmica". Mas uma tradução mais precisa da palavra árabe seria "certificados de investimento islâmicos". A distinção é que, na sua forma mais simples, uma obrigação é uma obrigação contratual de dívida pela qual o emissor é contratualmente obrigado a pagar aos detentores de obrigações em determinadas datas. No entanto, o processo de agrupamento de activos ou emissão do certificado é denominado *(Taskik)* Securitização islâmica. Basileia II definiu a titularização como "uma estrutura com pelo menos duas posições de risco estratificadas diferentes ou tranches que reflectem diferentes graus de risco de crédito, em que o risco de crédito de um conjunto subjacente de exposições é transferido no todo ou em parte". É também o processo de reunir um grupo de obrigações de dívida, tais como hipotecas, e depois dividir esse grupo em parcelas que podem ser vendidas como títulos no mercado secundário.

Segundo Suleiman (1998), a titularização é o processo de agrupamento de activos, o processo de empacotamento em títulos, e o processo de distribuição de títulos aos investidores. Como as

Instituições Financeiras Islâmicas estão mais preocupadas com a aceitação islâmica do negócio de titularização, o seu foco é mais o conteúdo do Sukuk ou pacote do que o processo de embalagem. Por conseguinte, tendem a assegurar que os activos do pacote - e não apenas o pacote por si só - sejam conformes à Shariah.

O IFSB (2009) na sua norma sobre *Sukukuk,* definiu *Sukukuk* como certificados que representam um direito de propriedade proporcional e indivisível em activos tangíveis, ou um conjunto de activos predominantemente tangíveis, ou um empreendimento comercial (tal como um *mudarabah).* Estes activos podem estar num projecto específico ou numa actividade de investimento em conformidade com as regras e princípios de *SharTah.*

Contudo, *Sukukuk* são certificados de igual valor representando acções indivisas na propriedade de activos corpóreos, usufruto e serviços ou (na propriedade de) os activos de determinados projectos ou actividade de investimento especial. Zohra Jabeen definiu *Sukukuk* como investimentos baseados em activos em que os rendimentos dos activos subjacentes. Os activos subjacentes podem ser *ijarah, Murabahah, Istisna'* ou uma combinação destes.

A partir da definição acima referida, a norma deixa claro que o Sukuk deve ser apoiado por activos que estejam sujeitos a um contrato em conformidade com a Shariah, por exemplo, um contrato *ijarah* semelhante a um arrendamento convencional. Além disso, a norma torna claro que a documentação Sukuk deve demonstrar que qualquer rendimento que surja deve ser derivado das actividades subjacentes para as quais o financiamento tenha sido utilizado, e não simplesmente incluir juros. O Sukuk deve ser apoiado por activos subjacentes reais e estes activos devem ser compatíveis com os princípios da Shariah. No entanto, deve haver total transparência quanto aos direitos e obrigações de todas as partes.

Poder-se-ia afirmar que a securitização é o processo de transformação de um activo ilíquido num título comercializável, tornando-o assim líquido através da implantação ou reacção de algum mecanismo de mercado. Assim, os mutuários têm assim acesso aos mercados de capitais ou aos mutuantes e os mutuantes podem liquidar as suas posições e optar por melhores oportunidades de investimento.

É importante esclarecer que, com base na definição de Basileia II, existem grandes diferenças entre o sistema de titularização nas instituições financeiras convencionais e nas instituições financeiras islâmicas. Por exemplo, no sistema convencional, os certificados ou títulos negociáveis são emitidos a partir de empréstimos baseados em juros, caso em que são denominados notas promissórias. Alternativamente, são emitidos para a angariação de fundos sem qualquer facilidade ou transacção subjacente, na qual são denominados obrigações.

Diferença entre Sukuk e Bonds

A principal diferença entre *Sukukuk* e a titularização convencional (obrigações) é que *sukukuk* leva à criação de Notas Promissórias Islâmicas (IPN) ou requer a existência de um activo financeiro subjacente. Por exemplo, *a Shariah* encoraja a documentação dos contratos, após o que estes documentos podem desempenhar o papel de títulos e, assim, tornar-se activos financeiros. Assim, um título não pode ser considerado como total ou completamente separável dos activos que representa, o que significa que não há *Sukuk* sem antes ser um contrato.

Neste contexto, *o Sukuk* certamente não pode ser utilizado como um meio de angariação de fundos simplesmente com a emissão de um documento sem quaisquer activos subjacentes, como acontece na emissão de obrigações convencionais. Na emissão de obrigações de cupão zero, por exemplo, as obrigações são emitidas, ao abrigo do sistema *Sukukuk,* antes do recebimento das receitas, ou seja, da criação de dívida. Além disso, os investidores convencionais em obrigações de empresas e do Estado esperam capitalizar sobre a evolução favorável das taxas de juro. Os ganhos de capital são acumulados quando os preços das obrigações de taxa fixa sobem, à medida que os índices de mercado variáveis descem. A legitimidade das estruturas Sukuk na *Shari'ah reside no facto de* não tirarem partido dos movimentos das taxas de juro.

O investimento em emissões *Sukuk* envolve o financiamento do comércio ou da produção de activos corpóreos. Os *Sukukuk* estão directamente ligados a actividades reais do sector. Por conseguinte, estas não irão criar movimentos especulativos de fundos a curto prazo e potenciais crises financeiras. Os investidores *Sukukuk* têm um direito inerente à informação sobre a utilização dos seus investimentos, natureza dos activos subjacentes e outros pormenores que de outra forma seriam considerados redundantes nos investimentos convencionais. Isto ajudará a introduzir disciplina no mercado.

Da análise acima apresentada parece que existem dois critérios principais ou principais na criação do *Sukuk.* Primeiro, não deve haver nenhuma taxa de juro ligada a ele, seja de juro fixo ou de juro flutuante. Em segundo lugar, deve surgir de uma transacção islâmica subjacente. No entanto, o passo seguinte é discutir alguns aspectos do reforço da competitividade das estruturas *Sukuk*, superando alguns dos riscos subjacentes indesejáveis. Portanto, gostaríamos de explicar *Sukuk al-ijarah, as* suas características e passos a seguir na documentação da estrutura *Sukukuk.* O quadro seguinte resume as diferenças entre Sukuk e os laços convencionais:

Asset ownership	Bonds don't give the investor a share of ownership in the asset, project, business, or joint venture they support. They are a debt obligation from the issuer to the bond holder.	Sukuk give the investor partial ownership in the asset on which the sukuk are based.
Investment criteria	Generally, bonds can be used to finance any asset, project, business, or joint venture that complies with local legislation.	The asset on which *Sukuk* are based must be Shariah compliant.
Issue unit	Each bond represents a share of debt.	Each *Sukuk* represents a share of the underlying asset.
Issue price	The face value of a bond price is based on the issuer's credit worthiness (including its rating).	I he tace value ot *Sukuk* is based on the market value of the underlying asset.
Investment rewards and risks	Bond holders receive regularly scheduled (and often fixed rate) interest payments for the life of the bond, and their principal is guaranteed to be returned at the bond's maturity date.	ɔukuk nolders receive a snare of profits from the underlying asset (and accept a share of any loss incurred).
Effects of costs	Bond holders generally aren't affected by costs related to the asset, project, business, or joint venture they support. The performance of the underlying asset doesn't affect investor rewards.	Sukuk holders are affected by costs related to the underlying asset. Higher costs may translate to lower investor profits and vice versa.

Partes numa estrutura de Securitização

Um princípio-chave das finanças islâmicas é que os esquemas de financiamento devem ser apoiados por activos. No contexto de uma estrutura de titularização conforme com a Shariah, isto significa que algum grau de propriedade dos activos subjacentes deve ser transferido para o Emitente (e não uma mera atribuição dos fluxos de caixa). Uma transferência de título registado absoluto nos activos subjacentes não é necessária e proibiria a titularização de activos do Médio Oriente, uma vez que a legislação de vários países do Médio Oriente proíbe as entidades não residentes de comprar ou arrendar certos activos domiciliados localmente e as entidades locais de emitir títulos de dívida.

Bens na Securitização Sukuk

Os activos da estrutura *Sukuk* devem obedecer aos princípios islâmicos, os activos securitizados devem também eles próprios obedecer à Shariah, ou seja, não devem ofender as regras e princípios da Shariah, tais como ser uma securitização de poços de empréstimos com juros, ser de natureza incerta ou ser uma securitização de itens proibidos, tais como álcool, carne de porco, jogos de azar ou actividades ilícitas). Além disso, a relação entre um devedor subjacente e o cedente deve enquadrar-se num dos esquemas de financiamento islâmico aceites, por exemplo, Murabahah, Mudarabah, Ijarah e Istisna'a. Por exemplo, ao estruturar uma titularização hipotecária em conformidade com a Shariah, os activos subjacentes devem ser hipotecas em conformidade com a Shariah geralmente estruturadas em torno de Ijarah (a estrutura hipotecária islâmica típica) ou Istisna'a (hipotecas sobre propriedades que estão a ser construídas). O requisito da Shariah é que a titularização dos activos de volta deve estar ligada à propriedade do Activo.

Transferência de Direitos em Sukuk

A transferência para o emissor (do originador) de um pacote de direitos semelhante à propriedade que permite ao emissor participar nas receitas geradas pelos activos subjacentes, é um consenso geral da Shariah de que a propriedade de um activo é possível no âmbito de uma transacção de venda. A maioria dos estudiosos contemporâneos das finanças islâmicas da Shariah estão convencidos de que o risco e a recompensa associados aos activos da Sukukuk são conferidos ao emissor dos certificados *Sukukuk*, os estudiosos da Shariah estão também geralmente convencidos de que a estrutura está em conformidade com as regras e princípios da Shariah. No entanto, é imperativo que seja feita documentação suficiente para estabelecer a transferência efectiva da propriedade do activo. Este princípio tem sido aparentemente defendido em quase todas as estruturas *Sukukuk de* venda e leasing até agora executadas. Enquanto os acordos de compra adequados foram executados, a prática comum tem sido a de transferir apenas o título benéfico nos activos em oposição ao título legal real, mas diferentes estruturas *Sukukuk* levantaram diferentes pontos de vista Shariah no que diz respeito aos riscos e recompensas da propriedade dos activos, com base no seguinte:

- Em *Sukuk* Ijarah, o proprietário de direitos de arrendamento de um bem a ser adquirido e sujeito a contrato de arrendamento pode vender o usufruto de tal bem através de emissões *Sukukuk (Sukukuk* manfaa ijarah), e o proprietário *Sukukuk* que deseje empreender serviços específicos pode mobilizar o custo de tais serviços através da pré-venda dos serviços e dos seus benefícios esperados através de emissões *Sukukuk (Sukukuk* milkiyat al-khidmat).

- Os riscos vão para o originador em *Sukuk* al Ijarah com base no seu acordo no início do contrato ('Aqd) isto tem origem no princípio da Shariah: al muslimun ala shurutihin (os muçulmanos estão vinculados pelas suas estipulações). A mesma regra aplica-se também a *Sukuk* al-salam, *Sukuk* al-istisna'a e *Sukuk* al-Murabahah.

- Mas é diferente em *Sukuk* al Mudarabah onde o empresário (mudarib) com uma boa ideia empresarial mas sem capital ou pouco capital pode mobilizar fundos suficientes para um projecto empresarial proposto de fornecedores de capital através de questões *sukukuk* (sukukuk al- mudaraba). Os detentores do *Sukuk* participam nos riscos e recompensas do Mudarábá.

- O mesmo se aplica a Sukuk al Musharakah, é observado em sukukuk Musharakah onde o proprietário de uma parceria comercial pode procurar participações de capital na parceria através de questões sukukuk (Sukukuk al-musharaka). Os titulares de sukukuk partilham dos riscos e recompensas da parceria.

- Os estudiosos da Shariah têm opiniões diferentes sobre *Sukuk* al wakalah, o que significa que o capital pode ser angariado através de *Sukukuk* emitido para adquirir certos bens ou bens ou serviços que são então confiados a um agente (wakil) para a gestão do mesmo em nome dos proprietários *(Sukukuk* al-wakala). Os proprietários *Sukukuk* assumem aqui o risco dos activos ou bens ou serviços subjacentes e têm direito a quaisquer lucros gerados a partir dos mesmos.

- Sobre o controlo dos bens, os estudiosos contemporâneos das finanças islâmicas concordam anonimamente que o veículo de propósito especial tem o direito de controlar e gerir os bens ou o controlo dos bens

CAPÍTULO 1. NASDAQ Dubai Estrutura Sukuk

A NASDAQ Dubai é a bolsa financeira internacional no Médio Oriente. Permite às empresas beneficiar de um pool de investidores único que combina riqueza regional e internacional, tornando-o uma plataforma única a nível mundial para as empresas angariarem dinheiro e para os investidores encontrarem oportunidades interessantes. O Dubai faz a ponte entre o leste e o oeste e destaca-se em áreas como o comércio, transportes, turismo e imobiliária, bem como serviços financeiros. A NASDAQ Dubai reúne o melhor dos padrões internacionais com conhecimento e compreensão regionais, apoiando o crescimento de empresas cotadas na região e não só.

A ampla base de investidores da bolsa distingue-a dos outros. Para além dos investidores nos EAU e na região, também os dos EUA, Europa, Ásia e outros países podem facilmente negociar os seus títulos. Isto dá às suas empresas cotadas reconhecimento imediato e visibilidade em todo o mundo, apoiadas pela marca internacional NASDAQ. Os proprietários das empresas têm liberdade para angariar capital da forma que mais lhes convier. Podem escolher o preço a que pretendem vender acções numa OPV, e manter o controlo da empresa posteriormente. A base da bolsa é um quadro regulamentar que não tem rival, dando confiança tanto aos emitentes como aos investidores de que os seus interesses estão a ser defendidos.

Como líder em inovação, a NASDAQ Dubai oferece uma vasta gama de produtos. As empresas podem angariar capital através de acções, *Sukuk* e obrigações. Fundos negociados em bolsa, derivados, mercadorias negociadas em bolsa, bem como REITs (Real Estate Investment Trusts) também podem ser cotados e negociados. O NASDAQ Dubai é ideal para muitos tipos de empresas, desde empresas familiares a conglomerados, entidades governamentais e empresas de elevado crescimento.

NASDAQ Dubai Sukuk al Ijarah Estrutura

A maioria das emissões *Sukuk* nos EAU que têm impacto na sua economia são Sukuk al ijarah, Sukuk al Musharakah e Sukukuk Mudarabah. O contrato de arrendamento ou lease back deve ser executado separadamente do contrato inicial de compra de bens e, de acordo com a Shariah, os dois devem ser condicionados um ao outro. Qualquer condição deste tipo de celebração de um contrato de compra e venda dos bens de modo a arrendá-los de volta ao vendedor não é aceitável para a maioria dos juristas islâmicos com base no hadith do profeta "a paz do profeta esteja sobre ele proibida venda e condição (prevalecente)". Isto equivale a dois acordos em um.

Sukuk al Ijarah está dividido em acordo de compra, contrato de arrendamento, contrato de serviço e compromisso de compra. Este sukukuk é baseado no direito de propriedade a algum outro benefício baseado no preço acordado. Sukuk al Ijarah é geralmente emitido sobre um acordo de venda e arrendamento de bens imóveis. Este tipo de sukukuk é geralmente uma estrutura popular com emissores soberanos. Os rendimentos do sukukuk são geralmente aplicados pelo emissor para comprar bens imóveis ao Originador e depois o emissor aluga-os de volta ao Originador. O Originador aceita readquirir o imóvel no vencimento ou liquidação antecipada ao preço de compra original. É exigido pela lei Shariah que o emissor efectue a manutenção principal do bem. No entanto, na maioria das vezes é nomeado um Obligor para se encarregar dessas actividades em nome do emitente (IFSB, 2009). A emissão *Sukuk* pelo BID, através da plataforma NASDAC Dubai, serve como um excelente e promissor exemplo para futuros acordos. O prospecto continha considerações *Shari'ah* claras e precisas delineadas por numerosos académicos de renome e envolvia uma combinação inovadora de carteira de projectos *Ijarah, Murabahah* e *Istisna* (ver figura 1). Além disso, os retornos não estavam ambiguamente relacionados com os parâmetros de referência do mercado, tendo sido acordada uma taxa fixa de retorno sobre os contratos e activos relevantes. No entanto, alguns dos prospectos corporativos e soberanos de *Sukuk foram* sujeitos a um escrutínio crescente pela sua adequação à *Shariah.* A característica predominante de vários dos prospectos é o retorno de taxa flutuante distribuído aos detentores do Sukukuk.

Figura 1NASDAC Dubai Sukuk al-Ijarah Estrutura (DIFC, 2010)

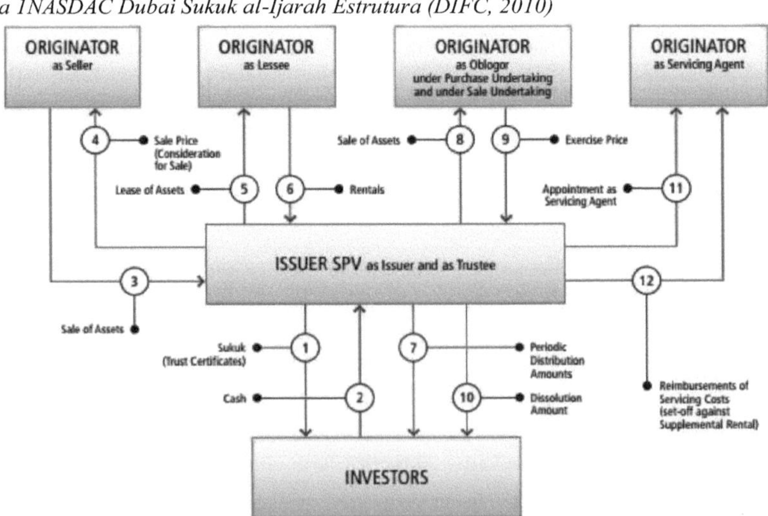

NASDAQ Dubai Sukuk Mudarabah Estrutura

Este sukukuk está dividido em acordo de Mudarabah e compromisso de compra. Este é um acordo de cooperação entre as duas partes; investidores e gestores de capital. Este *Sukukuk* é um investimento *Sukuk* que denota a propriedade comum de unidades igualmente valorizadas no capital do Mudarábá. Os detentores do Sukuk al Mudarabah são os fornecedores de capital. Possuem acções no capital social do Mudarabah e os seus rendimentos de acordo com a percentagem de participação no capital (NASDAC Dubai 2011). Os titulares da Sukuk al Mudarabah detêm o direito de transferir a propriedade através da venda das acções no mercado de títulos.

Figura 2 Estrutura NASDAQ de Sukuk al- Mudarabah (DIFC, 2009)

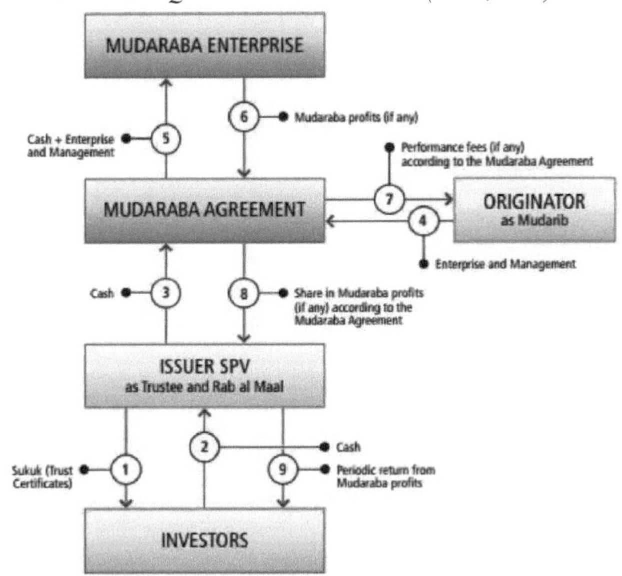

NASDAQ Dubai Sukuk Musharakah Estrutura

Este tipo de Sukuk é dividido em acordo de Musharakah, acordo de gestão, e compromisso de compra. Isto envolve normalmente duas partes que cooperam para instalar um capital para motivação. Uma das estruturas que é popular entre os emitentes corporativos é Sukuk al-Musharakah. Isto foi até a Organização de Contabilidade e Auditoria para Instituições Financeiras Islâmicas decidir sobre Sukukuk no início do ano de 2008 (NASDAC Dubai 2011). Estas decisões proibiram a utilização de empresas de compra de valores nominais em tal Sukuk. Em Sukukuk al-Musharakah, as receitas da subscrição são contribuídas pelo emissor para entrar numa empresa conjunta com o Originador que contribui com o seu próprio capital/activos ou faz uma contribuição de algum tipo. Os lucros são partilhados entre o Emitente e o Originador, com base num acordo. Contudo, a Shariah exige que quaisquer perdas sejam partilhadas entre eles de acordo com o rácio de capital contribuído (NASDAC Dubai 2011). Ver a figura abaixo para mais detalhes.

Figura 3: Estrutura NASDAQ de Sukuk al-Musharakah (DIFC, 2009)

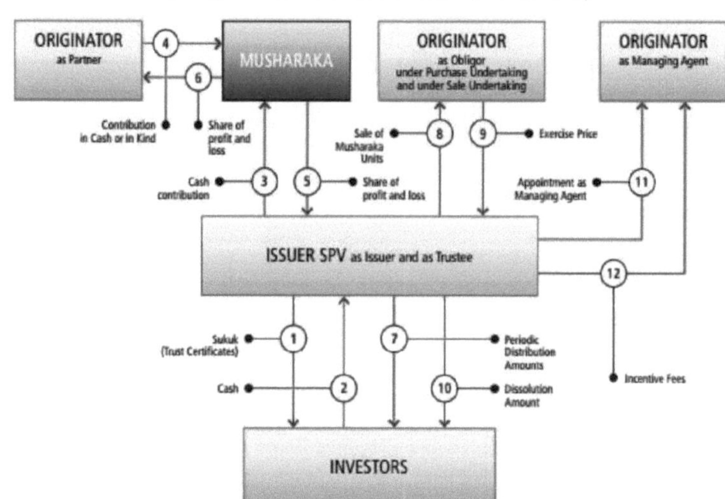

CAPÍTULO 2. Impacto do Sukuk no desenvolvimento da economia dos EAU

sukukuk é um instrumento financeiro proeminente a longo prazo que está em conformidade com a lei islâmica (Shariah) e é adequado para todos os tipos de projectos de desenvolvimento. Sukukuk é a alternativa aos títulos convencionais. Desde a crise financeira global em 2008, a procura de Sukukuk tem testemunhado uma aceitação notável a nível mundial. O valor total de Sukuk a nível mundial durante o período de 1996 a 2012 foi de aproximadamente 426 biliões de dólares americanos, dos quais 139 biliões de dólares americanos foram registados só em 2012.

As últimas previsões disponíveis indicam um crescimento na emissão de Sukuk em 30% em 2014, 20% em 2015, e mais de 15% durante os anos 2016-2018. Apesar deste aumento significativo, as previsões indicam um crescimento contínuo da procura global de Sukuk a taxas significativamente superiores ao volume das suas emissões, o que indica a necessidade global de fornecer mais Sukukuk durante os próximos cinco anos. Espera-se que Sukukuks ascenda a 230 mil milhões de dólares em 2014 e cerca de 187 mil milhões de dólares em 2018.

Tendo em conta as enormes oportunidades sinalizadas por estas projecções de crescimento no mercado global Sukuk, a Iniciativa do Centro Global Sukuk para o Dubai foi lançada no final de Fevereiro de 2013 para concretizar este objectivo no âmbito do "Dubai": A estratégia da "Capital da Economia Islâmica". A iniciativa visa transformar o Dubai num centro global líder para a emissão, cotação e comércio de Sukukuk.

O lançamento da iniciativa baseou-se na vasta experiência do Dubai neste campo, dado o seu mercado financeiro de alto desempenho. O Centro Global Sukuk do Dubai oferece uma plataforma integrada e líder, para além de albergar as principais instituições financeiras mundiais que operam a nível regional e global a partir do Dubai.

A resposta das empresas locais ao lançamento desta iniciativa tem sido notável. Uma série de instituições e empresas nacionais, tais como a Dubai Electricity and Water Authority (DEWA), Emirates Airlines, Majid Al Futtaim Holding, e Sharjah Islamic Bank listaram instrumentos conformes com a Shariah- no Dubai para apoiar a iniciativa do Dubai Global Sukuk Centre e contribuir para o desenvolvimento do sector da Economia Islâmica.

Consequentemente, o valor total do Sukukuk listado nos mercados do Dubai, no Dubai Financial Market e no Nasdaq Dubai desde o lançamento da iniciativa no final de Outubro de 2013 foi de aproximadamente 5,4 mil milhões de dólares americanos, elevando o valor nominal para 12,6 mil milhões de dólares americanos. O Centro Global Sukuk do Dubai ocupa actualmente o terceiro lugar na lista mundial dos centros Sukukuk.

Foi estimado pela Standard and Poor que 20% dos investidores que estão dispostos a investir milhares de milhões optariam agora por um produto financeiro islâmico espontaneamente em vez de um produto financeiro convencional com perfil de retorno de risco semelhante. Isto significa que tem havido uma quantidade crescente de utilização de *Sukuk*. Isto é especialmente comum nos Emirados Árabes Unidos e noutros países do CCG. No ano de 2006, Sukuks no valor de 20 mil milhões de dólares chegaram ao mercado. Estavam em estruturas e tamanhos variados. As empresas começaram a procurar métodos para diversificar as suas fontes de financiamento com Sukukuk. Embora a Sukukuk tenha sido activamente utilizada por empresas no Kuwait, Bahrain, Arábia Saudita e Qatar. Embora em 2006, a Malásia tenha liderado o mercado da questão Sukuk.

A NASDAQ Dubai teve o *Sukuk* que teve impacto na economia dos EAU. Tem havido uma vasta gama de propósitos para as estruturas *Sukuk* e estas estão a evoluir rapidamente com base nas necessidades e exigências dos emissores e investidores.

Podem ser estruturas simples de venda e relocação financeira como o Sukukuk do Departamento de Aviação Civil do Dubai, no valor de mil milhões de dólares, emitido no ano 2004, ou pode ser a estrutura Sukukuk de financiamento fiduciário no valor de 2,53 mil milhões de dólares, emitida pela Aldar Properties em Março de 2007, que demonstrou a flexibilidade dos princípios financeiros islâmicos (NASDAQ Dubai, 2014). A Sukukuk tem sido utilizada para obter financiamento empresarial para aquisições ou para fins de capital de exploração. Há vários exemplos que demonstram que a Sukuk evoluiu para um instrumento diversificado e internacionalmente aceitável.

Devido ao desenvolvimento do mercado sukuk, a economia dos EAU transformou-se para se tornar mais diversificada e é mais impulsionada pelo sector privado. A NASDAQ Dubai utilizou o desenvolvimento da *Sukuk* para diversificar a economia dos EAU, criando uma plataforma para o mercado global de capital financeiro, com a esperança de fazer dos EAU um centro para a economia islâmica. A presença do profundo e líquido mercado *Sukuk* oferece estabilidade ao sistema financeiro neste ambiente altamente competitivo. Está também provado que *Sukukuk* pode ser implementado durante a recessão económica. Um dos exemplos para tal foi em 2005, o Banco Mundial emitiu um título Sukuk ou islâmico para o redesenvolvimento de Acheh após o tsunami de 2004 (Zeti Akhtar,

2010).

Sukuk NASDAQ Dubai e o seu impacto na economia dos EAU

NASDAQ Dubai é um local líder para a cotação de Sukuk e obrigações. Sendo o Dubai o terceiro maior local Sukuk a nível mundial, tem actualmente uma cotação de um valor nominal total de 24,05 mil milhões de USD. A bolsa pretende expandir o seu papel como centro global para a cotação de Sukuk, de acordo com a intenção do governo do Dubai de ser o centro internacional da economia islâmica. Segue-se a lista de Sukuk emitida pela NASDAQ que ajuda a economia dos Emirados Árabes Unidos:

Quadro 1: Lista de Sukuk no NASDAQ Dubai

List of Sukuk in NASDAQ Dubai
1. Al Shindagha Sukuk Limited (flydubai)
2. Alpha Star Holding Limited (Damac Sukuk)
3. Dar Al-Arkan Sukuk Company Ltd Trust Certificates 2016
4. Dar Al-Arkan Sukuk Company Ltd Trust Certificates 2018
5. Dar Al-Arkan Sukuk Company Ltd Trust Certificates 2019
6. DEWA Sukuk 2013 Limited
7. DIB Tier 1 Sukuk Ltd.
8. DIFC Sukuk Limited
9. DIP Sukuk Limited
10. DP World Sukuk Limited
11. EIB Sukuk Company Ltd Trust Certificates 2017
12. EIB Sukuk Company Ltd Trust Certificates 2018
13. Emaar Sukuk Limited Trust Certificates 2016
14. Emaar Sukuk Limited Trust Certificates 2019
15. EMG Sukuk Limited
16. GEMS MEA Sukuk Limited
17. Hong Kong Sukuk 2014 Ltd - 144 A
18. Hong Kong Sukuk 2014 Ltd - Reg S
19. ICD Sukuk Company Limited Trust Certificates 2020
20. IDB Trust Services Limited Trust Certificates 2015
21. IDB Trust Services Limited Trust Certificates 2016
22. IDB Trust Services Limited Trust Certificates 2017
23. IDB Trust Services Limited Trust Certificates 2018
24. IDB Trust Services Limited Trust Certificates 2019
25. IDB Trust Services Limited Trust Certificates Sept 2019
26. JAFZ Sukuk (2019) Limited
27. MAF Sukuk Ltd
28. Medjool Limited (Emirates Airline)
29. RAK Capital
30. Sharjah Sukuk Ltd
31. SIB Sukuk Company III Limited
32.

Com base na lista de *Sukuk* acima, não há dúvida de que *Sukuk* emitida pela NASDAQ Dubai tem impacto na economia dos EAU. Um bom exemplo disto é o Banco Islâmico do Dubai. O Dubai Islamic Bank emite Sukuk que é uma obrigação islâmica; o Banco é um líder global na gestão de Sukuk que cobre activos desde aviões a propriedades. Utiliza muitos tipos de Sukuk que incluem Murabahah, Istisna, Ijarah, Musharakah e Mudarabah (DIB, 2014).

O Sukuk Ijarah empregado pelo Banco é um contrato de arrendamento entre o Banco e o cliente onde o primeiro é o menor e o segundo é o locatário. Este contrato é mantido por um determinado período de tempo e o título do imóvel é transferido para o cliente no final do período, se o banco receber todos os pagamentos correctamente. O período inclui normalmente de 3 a 7 anos. Assim, o Banco ajuda os seus clientes a reduzir as suas despesas de capital, adquirindo a maquinaria necessária para os arrendamentos em vez de a comprar. (DIB, 2014).

Os instrumentos financeiros Sukuk do Banco em 2013 são AED 2,807,603,000. Os acordos são compatíveis com a Shariah. Em 2008, uma das filiais do Banco emitiu um Sukuk convertível que cumpre os requisitos da Shariah, esperando um lucro de 4,31% por ano. Foi listado no NASDAQ Dubai, que foi completamente resgatado no mês de Janeiro de 2013. Um Sukukuk não convertível também foi emitido em 2008 sob a forma de Certificados de Confiança que foram listados na NASDAQ Dubai que foi completamente resgatada no mês de Julho de 2013. Os lucros que foram identificados nestes Sukuk devem ser pagos trimestralmente em atraso (Dubai Islamic Bank, 2013). Em 2012, os Certificados Fiduciários foram emitidos pelo Banco, esperando um lucro de 5,15% por ano. Espera-se que os lucros que foram identificados nestes Sukuk paguem semi-anualmente em atraso. Estes foram cotados na Bolsa de Valores Irlandesa, que irá amadurecer em 2017. O Dubai Islamic Bank emitiu o Tier 1 Sukuk no montante de AED 3,673 milhões (DIB, 2013). O Tier 1 Sukuk é um título contínuo e não tem qualquer data fixa para o seu resgate. O Tier 1 Sukuk está cotado na Bolsa de Valores da Irlanda e pode ser resgatado após os seis anos de período pelo Banco em 2019. As receitas líquidas do Banco são investidas sob a forma de Mudarabah. O lucro esperado é de 6,25% por ano e pagável semestralmente (DIB, 2013).

Descobertas e Análise de Dados:

Foi realizado um inquérito entre vários investidores de Sukuk que já investem em títulos islâmicos, a fim de identificar as opiniões dos inquiridos e também estudar a literatura e fenómenos relevantes. Abaixo encontram-se diferentes gráficos de barras, gráficos de tartes e diagrama de Pareto que ilustram os investidores Sukukuk inquiridos

Os seguintes gráficos de tartes mostram que mais da metade dos inquiridos são muçulmanos, pessoas cultas e sexo masculino.

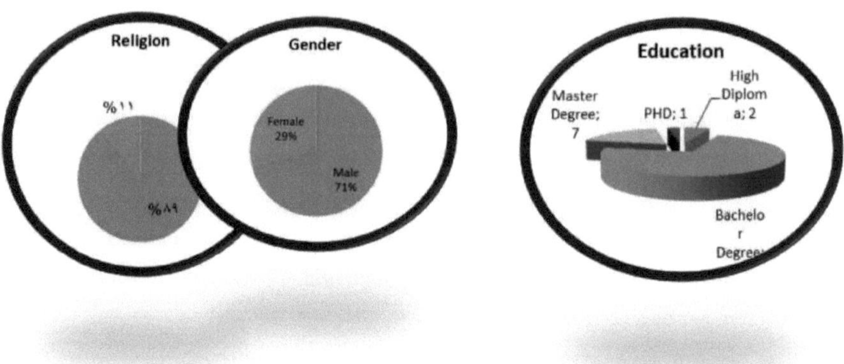

A Demanda Sukuk é Sobretudo Impulsionada pela Shariah Requirement

Os resultados do inquérito mostram que 62% dos investidores investem em *Sukuk* devido ao mandato religioso de investir apenas em instrumentos islâmicos; estes investidores são principalmente muçulmanos. A diversificação é a segunda razão principal para investir em *Sukuk;* estes são principalmente por não-muçulmanos que procuram diversificar a sua carteira de investimentos, dados os rendimentos atractivos oferecidos por *Sukukuk.*

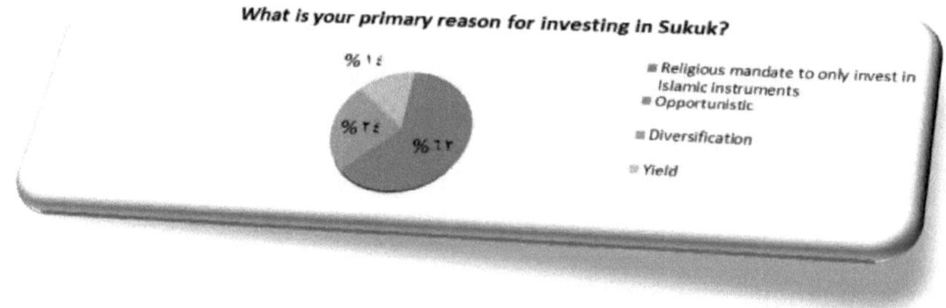

EAU, Malásia e Arábia Saudita são os principais locais de investimento da Sukuk para 2014 e 2015. Existe um apetite crescente para os Estados Unidos por parte de investidores e comerciantes que podem estar a procurar diversificar o seu risco em economias desenvolvidas. Os investidores mostram uma preferência pelos mercados existentes que estão a assistir a um forte crescimento Sukuk, como a Turquia

UAE	25
Malaysia	18
Saudi Arabia	12
Qatar	9
Turkey	5
Bahrain	3
Singapore	3
United kingdom	1
United state	1
France	0

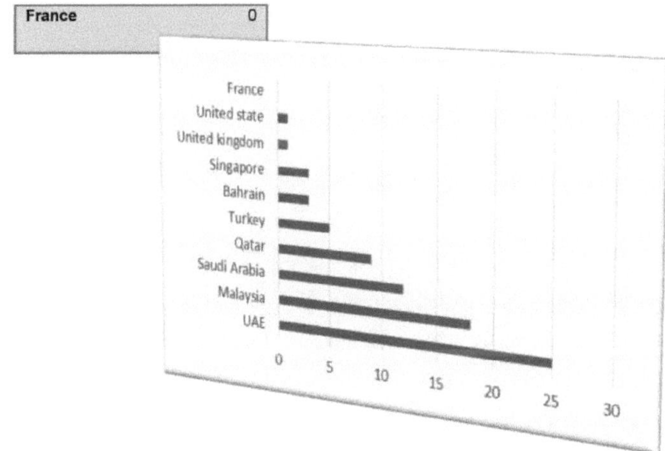

Os investidores e comerciantes nos EAU preferem investir em emissões soberanas, depois em serviços financeiros, seguidos pela Oil &Gas devido ao seu sólido crédito e elevado influxo de dinheiro.

Sovereign	20
Financial Services	18
Oil & Gas	16
Power & Utilities	15
Construction	7
Real Estate	4
Services	5
Telecommunication	3
Transport	1

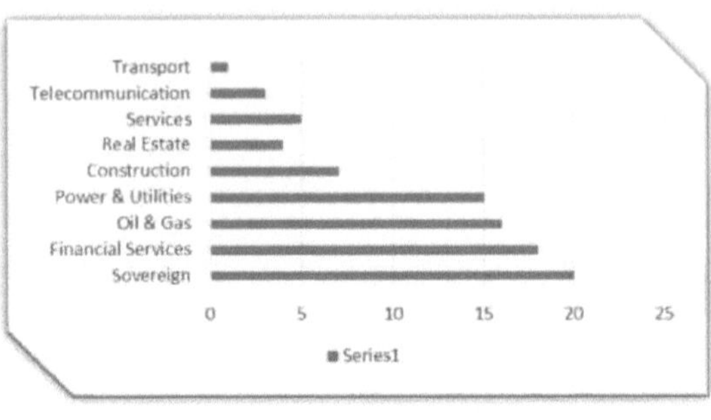

A maioria dos organizadores concorda que o custo de emissão do *Sukuk* é igual ou mais caro do que os títulos convencionais.

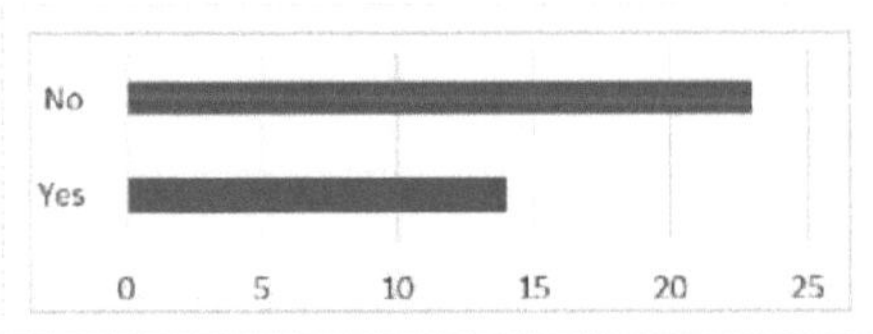

Cerca de 28 dos investidores acreditam que a liquidez e a negociabilidade impulsionam a diferença de preços entre *Sukukuk* e as obrigações. A principal razão por detrás da falta de liquidez e negociabilidade é a dimensão relativamente menor do mercado *Sukuk em* comparação com as obrigações. Além disso, há também a falta de *Sukuk de* curto prazo para os tesouros reinvestirem os seus depósitos de curto prazo para cumprirem as suas obrigações de curto prazo.

Liquidity & Tradability	28
Sharia noncompliance risk	8
Sukuk paper scarcity	5
Sukuk structure	3

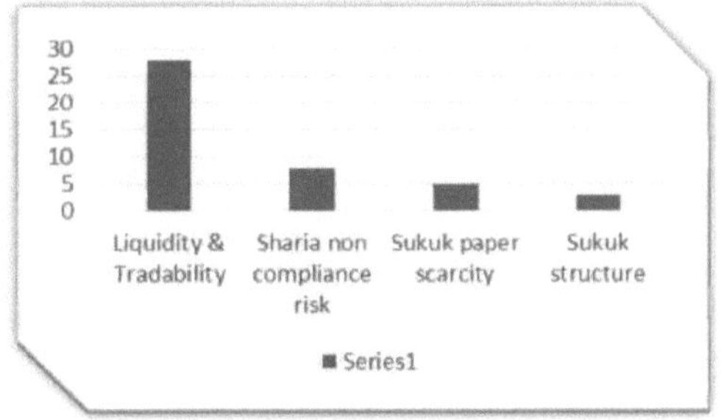

A maioria dos investidores de Sukuk nos EAU prefere prazos mais curtos de 1 a 3 anos.

Less than 1 year	1
1 - 3 years	26
3 - 5 years	8
5 - 10 years	1
10 - 20 years	1
20 years and above	0

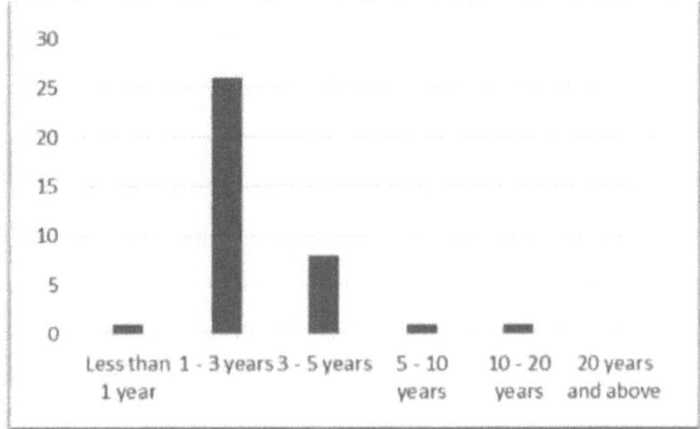

Os principais organizadores e investidores concordam que as taxas de juro do mercado global são o factor mais importante que afecta os preços *da Sukuk. Os* mercados têm sido colocados sob pressão pelos Estados Unidos.

Global market interest rates	20
Investor business structure/diversity	3
Purpose of *Sukuk* issuance	4
Size of *Sukuk*	5
Sukuk rating	15
Type of currency	3
Type of issuer	3
Type of market (international or domestic)	5
Type of *Sukuk* – asset based or asset backed	
Sukuk pricing	4

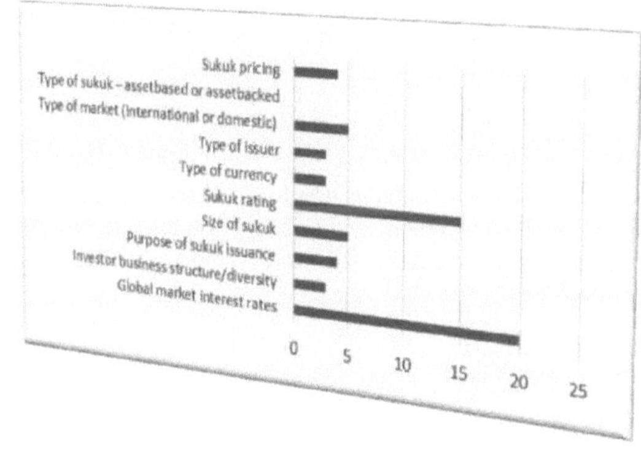

Os investidores acreditam que o rendimento do Sukuk aumentaria mais de 1% se houvesse um aumento de 1% nas taxas de juro globais.

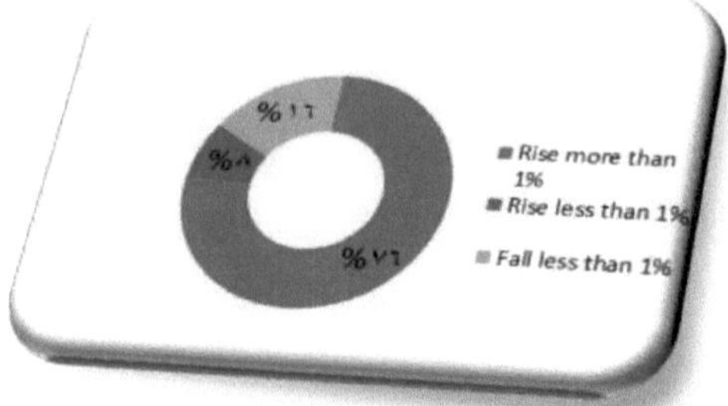

A maioria dos organizadores e investidores acreditam que a distribuição regional no mercado primário de *Sukukuk* afecta a comerciabilidade e liquidez de *Sukukuk*. 82% dos investidores afirmam que a distribuição no mercado primário entre os diferentes tipos de investidores (bancos, governo, fundos, etc.) afecta a negociabilidade e a liquidez.

A maioria dos investidores acredita que a falta de bancos islâmicos internacionais globais com amplas redes, tais como HSBC, JP Morgan, e Citi Bank, é o revés mais significativo para a comerciabilidade e liquidez do *Sukukuk*.

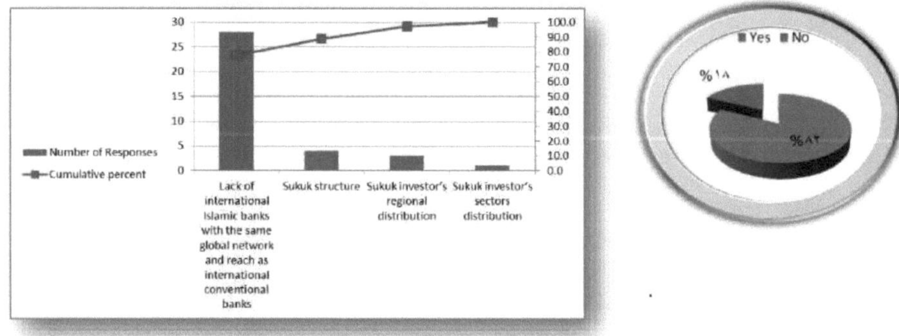

É de notar que em todas as emissões internacionais e grandes *Sukukuk*, os bancos convencionais são os principais organizadores principais e corredores de livros de *Sukukuk*, enquanto que os bancos islâmicos desempenham apenas um papel secundário por serem um apoio à distribuição da emissão limitada aos mercados locais.

CAPÍTULO 3. Como o Investimento Sukukuk nos Emirados Árabes Unidos pode Facilitar Outras Jurisdições

Os EAU ultrapassaram recentemente os mercados financeiros maduros como a Malásia para se tornarem o centro líder mundial das listas internacionais *Sukuk.* Isto é ilustrado pela presença e actividade fervorosa do Nasdaq Dubai, que listou 18 *Sukukuk* avaliados num total de 24 mil milhões de dólares.

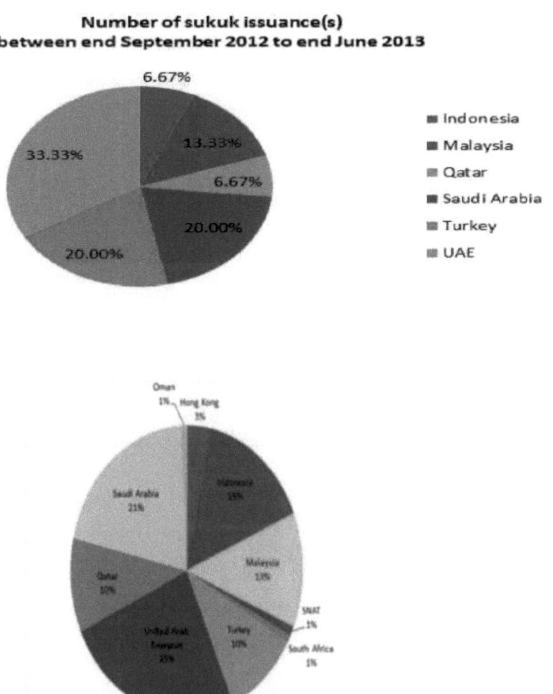

Source: S&P Dow Jones Indices LLC. Data as of Nov. 30, 2016. Chart is provided for illustrative purposes.

A última destas é a Fly Dubai. Os EAU também atraíram investimento ocidental na forma da General Electric, que vendeu um *Sukukuk de* 5 anos, $500 milhões em 2009, através do banqueiro de investimentos Goldman Sachs, que se tornou o primeiro banco americano convencional a emitir *o Sukuk* em 2014.

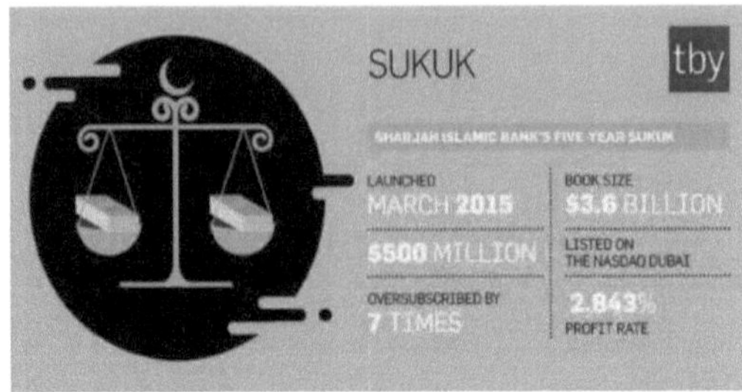

Pode-se ver que os EAU, por razões que serão discutidas doravante, têm sido relativamente bem sucedidos na implementação do conceito de Sukuk.

Factores de sucesso dos EAU na emissão de Sukuk:

É suposto que os seguintes factores contribuíram para o sucesso dos EAU como o principal destino do investimento da Sukukuk.

1. **Factores Macroeconómicos:**

   A moderna banca islâmica teve origem com a criação do Banco Islâmico do Dubai em 1975. Não há qualquer argumento de que o boom petrolífero na região tenha contribuído tremendamente para o desenvolvimento da banca islâmica na região e para o resto do mundo por extensão.

   A economia dos EAU é marcada pelo excesso de liquidez entre as suas instituições mais importantes. Isto é, naturalmente, uma consequência dos recursos de mercadorias presentes nesta região que têm sido explorados de forma eficiente em benefício das suas instituições. Por exemplo, a Emaar lançou um Sukuk al Ijarah de 500 milhões de dólares em Janeiro de 2011, que consiste em certificados fiduciários com uma maturidade de cinco anos e meio e uma taxa de lucro, ou rendimento, de 8,50%. A emissão foi amplamente apoiada e marcou um ponto de viragem significativo para a situação financeira global do emirado, bem como para a da Emaar. Após uma longa ausência e alguns grandes desafios, o Dubai estava a ser recebido com cautela de volta aos mercados globais. Estas emissões, e outras posteriores, para todos os efeitos, funcionaram como indicadores do sentimento popular para o excesso de liquidez e força financeira do Dubai.

2. **Risco mínimo de mercado devido à estabilidade financeira e segurança:**

   Os EAU são um sistema financeiro estável e resiliente com capacidade para apoiar o crescimento e uma maior diversificação da economia. Este é um objectivo-chave do Banco Central dos EAU (CBUAE). O Relatório de Estabilidade Financeira de 2016 mostra uma melhoria do ambiente macrofinanceiro durante 2016, com sinais encorajadores na situação do ciclo de crédito e dos mercados imobiliários. Espera-se que o ambiente macrofinanceiro continue a melhorar em 2017 e que proporcione um apoio mais forte no sentido de alcançar a Visão 2021 dos EAU. O sistema bancário permanece bem capitalizado e altamente líquido, permitindo uma transição suave para os requisitos de Basileia III, enquanto a rentabilidade continua a ser forte. A cobertura do sistema bancário pela concessão de empréstimos não rentáveis está a um nível satisfatório, bem acima dos 100% nos últimos três anos, o que dá confiança aos investidores relativamente ao sistema financeiro como um todo.

3. **Localização geográfica dos EAU como centro entre a Ásia, Ocidente e África**:

   Felizmente, os EAU estão estrategicamente localizados no Médio Oriente, com fácil acesso não só aos principais mercados do Médio Oriente e da Europa, mas também à China, Sul da Ásia, Malásia, Indonésia, Filipinas e outros mercados asiáticos. O país capitalizou esta vantagem, desenvolvendo portos e acesso às principais rotas marítimas. Este factor dá certamente à região uma vantagem competitiva para todos os mercados, o que, naturalmente, o mercado financeiro segue. Assim, é apenas consentâneo com o rápido e robusto desenvolvimento do mercado Sukuk na região.

4. Os EAU conseguiram, sem dúvida, criar uma imagem de líder regional e de criador de tendências com outros países, não só na região, olhando para ela como um modelo de desenvolvimento.

5. Certas vantagens fiscais também atraíram os mercados financeiros para os EAU. Nomeadamente, o facto de não haver impostos pessoais e empresariais, a inexistência de acordos de intercâmbio de informações fiscais com outros países e a prevalência de zonas de comércio livre. Do mesmo modo, a relativa facilidade de criação de empresas e a política de imigração pró-empresa são definitivamente factores que têm atraído uma actividade económica crescente, que é inerentemente o que o mercado Sukuk precisa para florescer.

6. Com outros factores, tais como um ambiente favorável aos negócios, uma mão-de-obra

altamente qualificada, um elevado nível de apoio administrativo por parte das autoridades e um subsídio de repatriação de capital a 100%, não é de surpreender que os EAU se tenham tornado um centro de serviços financeiros e, por defeito, as obrigações Sukukuk também.

7. A diversidade de bens disponíveis para investimento nos EAU é também um factor notável que impulsionou o mercado Sukuk (Onagun, 2016). Como líder em inovação, a NASDAQ Dubai oferece uma vasta gama de produtos em que as empresas podem angariar capital através de acções, Sukukuk e obrigações. Esta plataforma é ideal para muitos tipos de empresas, desde empresas familiares a conglomerados, entidades governamentais e empresas de elevado crescimento. A NASDAQ Dubai reúne o melhor dos padrões internacionais com conhecimento e compreensão regionais, apoiando o crescimento de empresas cotadas na região e não só. A ampla base de investidores da bolsa distingue-a das outras. Para além dos investidores nos EAU e na região, também os dos EUA, Europa, Ásia e outros países podem facilmente negociar os seus títulos. Isto dá às suas empresas cotadas reconhecimento imediato e visibilidade em todo o mundo, apoiadas pela marca internacional NASDAQ. A NASDAQ Dubai é a bolsa financeira internacional no Médio Oriente.

8. Apesar dos factores de sucesso acima mencionados, é digno de nota que a procura de Sukukuk continua a diminuir a oferta, segundo a Ernst & Young, que estimou que a procura total de *Sukukuk* por parte dos investidores convencionais bem como dos investidores islâmicos na Arábia Saudita é de cerca de 300 mil milhões de dólares em 2012, em comparação com 132 mil milhões de dólares em 2011. Esta lacuna na oferta da procura é indicativa da existência de várias barreiras que são enfrentadas na implementação do instrumento Sukuk.

Quais são os desafios enfrentados na mudança para Sukuk?

Os principais desafios enfrentados na implementação do Sukuk são identificados por Naser et al (2016) como a verificação e a garantia da credibilidade do emissor e a falta de regulamentação abrangente formulada para gerir o investimento Sukuk, o público interessado no que diz respeito a rendimentos relativamente mais baixos e a falta de mercados secundários e a falta de especialização na área do conhecimento.

Além disso, há vários outros desafios ou barreiras enfrentados na implementação do Sukuk. De acordo com um relatório de 2015 da Thomson Reuters e do FMI, a oferta de Sukukuk, "fica aquém da procura" e, com algumas excepções, "a emissão ocorre sem uma estratégia abrangente para desenvolver o mercado interno". Isto quer dizer que Sukuks tende a ser comprado e mantido até à maturidade, o que sufoca o mercado, uma vez que os investidores tendem a preferir títulos líquidos que podem rápida e prontamente converter em dinheiro. Os principais desafios que a indústria financeira islâmica no seu conjunto enfrenta são, por defeito, também enfrentados pelo mercado Sukukuk, conforme delineado pelo FMI no seu "State of the Global Islamic Economy Report", 2015/16:

- "Baixos níveis" de conhecimento e compreensão dos produtos e serviços financeiros islâmicos entre o público, levando-o a não comprar; uma "escassez de instrumentos de política monetária compatíveis com a Shariah" e uma falta de compreensão do "mecanismo de transmissão monetária".

- "Produtos financeiros complexos e estruturas empresariais" em alguns países/jurisdições porque "quadros regulamentares e de supervisão" não "abordam os riscos únicos da indústria". Consequentemente, o que é necessário é "uma maior clareza e harmonização regulamentar, uma melhor cooperação entre os normalizadores financeiros islâmicos e convencionais, e um maior aperfeiçoamento dos instrumentos de supervisão".

- Redes de segurança e quadros de resolução subdesenvolvidos. Em muitos lugares, estas incluem sistemas completos de seguro de depósitos islâmicos onde os prémios são investidos em activos conformes com a Shariah, ou emprestadores de último recurso conformes com a Shariah.
- Reguladores que nem sempre têm a capacidade, vontade ou vontade política para assegurar o cumprimento da Shariah.

Como consequência das barreiras ou desafios acima mencionados na implementação do Sukuk, mercados como o da Nigéria e de outras regiões de África estão subdesenvolvidos.

CAPÍTULO 4. Sukuk Investimento na República Federal da Nigéria:

Os potenciais de utilização do investimento Sukuk na Nigéria são tremendos, especialmente tendo em conta o enorme fosso infra-estrutural que a Nigéria enfrenta e os desafios que o Governo Federal está a enfrentar devido ao acentuado declínio das receitas do petróleo. Consequentemente, vários intervenientes no país estão a considerar técnicas de financiamento alternativas para satisfazer as suas necessidades de desenvolvimento de capital. Sukukuk é uma dessas alternativas que promete um aumento eficiente do capital e desenvolvimento infra-estrutural na Nigéria.

A Securities and Exchange Commission (SEC) na Nigéria só recentemente promulgou regras sobre a emissão de Sukuk. Isto facilitou a emissão do primeiro Estado Sukuk na Nigéria pelo Governo do Estado de Osun através da Osun Sukuk Company Plc., que é uma Empresa de Finalidades Especiais (SPV) do Estado.

A estrutura do Sukuk emitido pelo governo do estado de Osun é o Ijarah Sukukuk, que é a estrutura mais popular do Sukukuk e a estrutura mais comummente utilizada. Sukuk Al Ijarah é um contrato de arrendamento ou contrato de títulos nas finanças islâmicas que o proprietário, em conjunto, detém uma parte dos activos cujos lucros foram transferidos para o consumidor ou para o originador de acordo com o contrato Ijara. Na Ijara Sukuk o direito de utilizar os lucros dos activos ou uma série de activos é transferido do proprietário para outra parte em troca do pagamento do aluguer. Sukuk al Ijarah foi descrito por alguns estudiosos como uma estrutura Sukuk clássica na qual foram desenvolvidas outras formas e estruturas, enquanto outros disseram ser a estrutura mais simplificada de *Sukuk*.

Sukuk Al-Ijarah Estrutura do Estado de Osun

Sukuk al-Ijarah

Sukuk al-ijarah é que representam a propriedade de partes iguais num bem imobiliário alugado ou o usufruto do bem imobiliário. Estes *Sukuk* dão aos seus proprietários o direito de possuir o imóvel, receber o aluguer e dispor do seu *Sukuk* de uma forma que não afecta o direito do arrendatário, ou seja, são negociáveis. Os titulares de tais *Sukuk* suportam todos os custos de manutenção e danos dos bens imóveis.[1] [2]

---

[1] O Conselho da Academia Islâmica Fiqh, realizando a sua quarta sessão, em Jeddah, (Reino da Arábia Saudita), a partir dos 18

Sukuk al-Ijarah são os títulos que representam a propriedade de bens bem definidos existentes e conhecidos ligados a um contrato de arrendamento, cujo aluguer é a devolução a pagar aos detentores do Sukukuk. O pagamento do aluguer de ijarah pode não estar relacionado com o período de usufruto por parte do arrendatário. Pode ser efectuado antes do início do período de arrendamento, durante o período ou após o período que as partes decidam mutuamente. Esta flexibilidade pode ser utilizada para desenvolver diferentes formas de contrato e sukuk que podem servir diferentes propósitos dos emissores e dos titulares. Um *sakk* representa fundamentalmente um direito de propriedade sobre um bem. Como resultado, o *sakk* pode ser comprado e vendido sem afectar a transacção original a qualquer preço acordado entre o comprador e o vendedor.

Por exemplo, um carro pode ter um valor de mercado à vista de N600.000 e ser alugado a uma empresa. O título do carro e o aluguer podem ser vendidos num programa *Sukuk. O* preço do carro no mercado financeiro poderia ser superior ou inferior ao valor de mercado do carro (por exemplo, N550.000 no momento da emissão e durante a negociação o valor implícito do carro poderia flutuar num intervalo de N500.000 a N650.000). O ponto importante que é mal compreendido tanto pelos banqueiros islâmicos como pelos investidores é que *o Sukukuk* deve ser detido até ao seu vencimento e não pode ser negociado devido a várias proibições da *Shariah* sobre a negociação de dívidas.[3]

Características Sukuk al-Ijarah

1. É necessário para um contrato *ijarah* que os bens arrendados e o montante do aluguer sejam ambos claramente conhecidos das partes no momento do contrato e se ambos forem conhecidos, o *ijarah* pode ser contratado sobre um bem ou um edifício ainda por construir, desde que esteja totalmente descrito no contrato, desde que o locador possa normalmente adquirir, construir ou comprar o bem arrendado no momento fixado para a sua entrega ao locatário.[4] O locador pode vender o bem arrendado desde que tal não impeça o locatário de tirar proveito do bem. O novo proprietário teria direito a receber os alugueres.
2. O aluguer em ijarah deve ser estipulado em termos claros para o primeiro termo de aluguer, e para futuros termos renováveis, poderá ser constante, aumentando ou diminuindo por benchmarking ou relacionando-o com qualquer variável bem conhecida.

---

a 23 Jumada Thani 1408 H (6 a 11 de Fevereiro de 1988).

[3] Ver: Abdulkader Thomas, Investing in the GCC Markets: Oportunidades e desafios regionais, editado por Kamar Jaffer e Sohail Jaffer, Dubai: Dominic De Sousa, 2007, p 199.

[4] Ver: Abdulkader Thomas, Investing in the GCC Markets: Oportunidades e desafios regionais, editado por Kamar Jaffer e Sohail Jaffer, Dubai: Dominic De Sousa, 2007, pp 200-203

3. De acordo com as regras da *Shariah*, as despesas relacionadas com o corpo ou características básicas dos bens são da responsabilidade do proprietário, enquanto as despesas de manutenção relacionadas com o seu funcionamento devem ser suportadas pelo locatário.
4. No que respeita ao procedimento de emissão de *Sukuk al-ijarah,* é criado um SPV para comprar o(s) bem(s) que emite *Sukukuk* ao investidor, permitindo-lhe fazer o pagamento pela compra do bem. O activo é então alugado a terceiros para a sua utilização. O arrendatário efectua pagamentos periódicos de aluguer ao SPV que, por sua vez, distribui o mesmo aos detentores do *Sukukuk. Sukuk al-ijarah* são completamente negociáveis e podem ser negociados nos mercados secundários.
5. *Sukuk al-ijarah* oferece um elevado grau de flexibilidade do ponto de vista da sua gestão de emissão e da sua comercialidade. O governo central, municípios, awqaf ou quaisquer outros utilizadores de bens, privados ou públicos, podem emitir estes Sukukuk. Além disso, podem ser emitidos por intermediários financeiros ou directamente pelos utilizadores dos activos arrendados.

Passos Envolvidos na Estrutura

- O devedor vende certos activos ao SPV a um preço de compra pré-determinado acordado.
- O SPV obtém financiamento através da emissão de certificados *Sukuk* num montante igual ao preço de compra.
- Isto é transmitido ao devedor (como vendedor).
- É assinado um contrato de arrendamento entre a SPV e o devedor por um período de tempo fixo, em que o devedor arrenda os bens como arrendatário.
- A SPV recebe alugueres periódicos do devedor;
- Estes são distribuídos entre os investidores, ou seja, os detentores do *Sukuk.*
- No vencimento, ou num evento de dissolução, o SPV vende os activos de volta ao vendedor por um valor pré-determinado. Esse valor deve ser igual a quaisquer montantes ainda devidos nos termos do *Sukuk al-Ijarah.*

Sukuk al-ijarah num Cumprimento Estruturado da Shariah

A emissão *Sukuk* pelo BID serve como um excelente e promissor exemplo para arranjos futuros. O prospecto continha considerações *Shari'ah* claras e precisas delineadas por numerosos estudiosos importantes e envolvia uma combinação inovadora de carteira de projectos *Ijarah*, *Murabahah* e *Istisna* (ver quadro 1). Além disso, os retornos não estavam ambiguamente relacionados com os parâmetros de referência do mercado, tendo sido acordada uma taxa fixa de retorno sobre os contratos e activos relevantes.

Hybrid Sukuk na Prática

O Banco Islâmico de Desenvolvimento emitiu o primeiro Sukuk híbrido de activos compreendendo 65,8% de *Sukuk al-Ijarah,* 30,73% de créditos *Murabahah* e 3,4% de *Sukukuk al-Istisna.* Esta emissão exigiu a garantia do BID a fim de garantir uma classificação e uma negociabilidade internacional. O *Sukukuk de* 400 milhões de dólares foi emitido pela Solidarity Trust Services Limited (STSL), uma empresa de propósito especial constituída nas Ilhas do Canal de Jersey. A Corporação Islâmica para o Desenvolvimento do Sector Privado (CID) desempenhou um papel intermediário ao comprar o activo do BID e vendê-lo à The Solidarity Trust Services Limited (STSL) pelo valor consolidado do activo líquido.

No entanto, alguns dos prospectos corporativos e soberanos de *Sukuk* foram sujeitos a um escrutínio crescente pela sua adequação à *Shariah.* [5] A característica predominante de vários dos prospectos é o retorno de taxa flutuante distribuído aos titulares dos certificados. A referência de mercado utilizada é a London Inter-bank Offer Rate (LIBOR) sobre a qual é acrescentado um prémio competitivo. Contudo, deve ser observado que no caso dos acordos *Sukuk al-ijarah*, a LIBOR serve como referência de mercado para os retornos e as distribuições intrínsecas decorrem dos alugueres relativos aos acordos de arrendamento com o originador e SPV.

Exposição aos riscos em Sukuk al-ijarah Riscos

Existem várias opiniões diferentes sobre a aplicabilidade dos instrumentos financeiros islâmicos em que os *Sukukuk* são emitidos. Uma tal especulação teórica colocaria mais riscos operacionais. O Dr. Hammad Nazi mencionou que *Sukukuk* na lei islâmica está dividido em duas titularizações de dívidas monetárias e de mercadorias, ele explica que a titularização *Murabahah* não é permitida porque é vinculativa apenas para o vendedor do contrato e não para o comprador. Outros juristas contemporâneos defendem que ambas as partes de um contrato têm uma obrigação igual aos termos

---

[5] Ali Arsalan Tariq, Managing Financial Risks of *Sukuk* Structures Uma dissertação apresentada em cumprimento parcial dos requisitos para o grau de Mestre em Ciências na Universidade de Loughborough, Reino Unido, 2004. p 40.42.

do contrato.[6]

Emissor / Obligor

O Cupão de Pagamento de Risco Obligor tem de pagar os alugueres nas datas devidas (ou seja, de 6 em 6 meses durante o período de duração do contrato de arrendamento). Este risco não é diferente de um risco normal de pagamento de cupão numa transacção de obrigações.

Risco de redenção

No vencimento do arrendamento o Obligor tem de pagar o montante do capital igual ao montante da emissão *Sukuk* para comprar o activo de volta à SPC Este risco é também comum a uma emissão de obrigações quando a emissão tem de resgatar a obrigação no vencimento.

Risco de inadimplência

Se a Obligor não pagar os alugueres do arrendamento (ou seja, o pagamento de cupões) os titulares do *Sukukuk* podem declarar um evento de incumprimento e acelerar o pagamento do principal (igual ao montante da emissão do *Sukukuk*) obrigação da Obligor, obrigando a Obligor a comprar o bem. Este risco é idêntico ao incumprimento da obrigação de pagamento de cupão ao abrigo de uma emissão de obrigações convencional.

Se o Obligor não pagar o montante de capital igual ao montante da emissão do Sukuk no vencimento do prazo do arrendamento, os titulares do *Sukukuk* terão o direito de tomar medidas legais contra o Obligor ou obrigar o Obligor a entrar numa reestruturação ou reescalonamento da dívida para recuperar o montante de capital. Os titulares do Sukukuk podem também ter o direito de vender ou executar a hipoteca dos activos subjacentes (isto pode não ser possível se houver quaisquer pactos negativos acordados pelo Obligor com outros credores). Este risco é comparável a um cenário de incumprimento de resgate numa emissão de obrigações.

Bancarrota

O SPV é geralmente incorporado como um veículo remoto em caso de falência para mitigar este risco

Risco de liquidação

Para evitar qualquer risco de liquidação em relação ao SPV, todos os pagamentos devidos

---

6 Ver Nazihi Hammad, *Qadhayyyah fiqhiyah mu 'sirah f al mal wa la iqtisad,* pp 216-220.

pelo Obligor serão pagos pelo Obligor directamente à câmara de compensação (por exemplo, Euroclear) que liquidará então os pagamentos directamente aos detentores do *Sukuk.*

Risco do ponto de vista do investidor

Riscos de liquidez

A questão *Sukuk* não tem liquidez no mercado secundário devido à falta de oferta ou procura no mercado. O investidor pode acabar por deter o activo até à maturidade

Risco de Curva de Rendimento

Se as rendas subjacentes forem fixas, então os investidores cujas responsabilidades se baseiam numa referência flutuante serão expostos ao risco de movimento da curva de rendimento. Estes investidores poderão cobrir este tipo de risco através de derivados.[7]

Obligor Risco de Pagamento

Como qualquer outro risco de crédito, se o Obligor não pagar os alugueres (isto é, o pagamento de cupões) ou o montante do capital no vencimento (isto é, o montante de resgate), os titulares do Sukukuk terão recurso legal contra o Obligor. O recurso aos activos subjacentes poderia ser possível, no entanto, isto dependeria do acordo do Emitente/Obligor com os credores existentes. Este risco é semelhante ao risco dos créditos obrigacionistas convencionais.

Riscos de pagamento atrasados

Se a Obligor atrasar qualquer pagamento, o CPE irá recuperar um montante de pagamento atrasado por cada dia de atraso. Todos os montantes de pagamento em atraso recebidos da Obligor serão, no entanto, pagos directamente à instituição de caridade pelo SPV.

Risco relacionado com os activos: Manutenção estrutural

A Shariah exige que o SPV, como proprietário dos activos, suporte toda a manutenção estrutural. No entanto, a Obligor solicita geralmente ao SPV que nomeie o SPV como seu agente para providenciar a manutenção estrutural à custa do SPV. Uma vez que qualquer manutenção estrutural resulta numa melhoria dos activos, as despesas incorridas pelo agente são geralmente recuperadas da

[7] Ver: Wan Abdulrahim Kamil, manual do mercado malaio Sukuk, Malásia: RAM Rating services Berhad, 2008, pp 53-57.

Obligor como parte dos alugueres do arrendamento ou através de um preço de venda mais elevado do activo no vencimento do arrendamento.

Risco relacionado com activos: Perda total

Pode ser mitigado através de seguro/takaful e qualquer insuficiência nos rendimentos do seguro/takaful devido a negligência ou incumprimento do Obligor será indemnizado pelo Obligor. Este risco é remoto no caso de propriedades desembarcadas. No entanto, no caso de bens móveis, os investidores podem estar expostos a alguns riscos, mas mais uma vez, este risco pode ser adequadamente mitigado através de seguros/takaful.

Osun Sukuk Company Plc

Existem várias leis para regular a emissão de Sukuk na Nigéria, nomeadamente a Lei de Investimentos e Valores Mobiliários de 2007, as Regras da SEC e a lei estatal que autoriza a emissão de Sukukuk. A Comissão em reconhecimento do desenvolvimento das finanças islâmicas introduziu novas regras a 8 de Fevereiro de 2013 para regulamentar a emissão de Sukukuk na Nigéria. A regra 572 das Regras da SEC prevê que todas as empresas públicas (incluindo SPV's), governos estaduais, governos locais, e agências governamentais, bem como agências multilaterais, são elegíveis para emitir, oferecer ou fazer um convite à sukukuk, após solicitar a aprovação da Comissão.

Existe um desafio significativo para Sukuk na redacção da Regra 572 pela qual Sukukuk emitida por empresas privadas aparentemente não se enquadra no âmbito da competência regulamentar da SEC. Da mesma forma, uma interpretação estrita da Regra 567 indica que as obrigações emitidas por empresas privadas não beneficiarão da regulamentação da SEC.

A emissão Sukuk foi concluída no prazo de um ano, tendo a sukuk sido cotada na Bolsa de Valores da Nigéria em Janeiro de 2014, após a recepção das comissões de "não objecção" à base da atribuição a 3 de Dezembro de 2013. Todos os intervenientes envolvidos na emissão do Sukuk (Jaiz Bank MD) sofreram atrasos significativos. Isto resultou de se aguardar a aprovação das regras e regulamentos Sukukuk pela SECs.

Claro que com barreiras como a falta de capacidade dos reguladores, conhecimento e consciência limitados e disponibilidade limitada de activos conformes com a Shariah para investir e um mercado secundário não existente, o crescimento do mercado Sukuk na Nigéria permanecerá estagnado. Os

EAU, por outro lado, deram passos ousados para remediar todas as questões acima referidas, tal como discutido anteriormente. Portanto, não é surpreendente que o mercado de Sukuk nos EAU esteja altamente desenvolvido, ao contrário do mercado da Nigéria. Devem ser tiradas lições sobre a forma como os EAU o conseguiram, para que possa ser implementado na Nigéria e noutros mercados que anseiam por este conceito, mesmo que não o percebam.

Osun Sukuk Company Plc

A SPC; A Sociedade Osun Sukuk Plc é uma Sociedade de Fins Especiais do Governo do Estado de Osun constituída com um capital social autorizado de N1, 000.000,00 (Um Milhão de Nairas) com noventa e nove por cento das acções detidas pelo Governo do Estado de Osun e um por cento detidas em fideicomisso pelo Procurador-Geral do Estado de Osun em nome do Estado.17 A sociedade foi constituída no prazo de 2 semanas. A sukukuk foi estruturada como uma Al-Ijarah; com a Osun Sukukuk Company Plc. a emitir certificados sukukuk para os investidores.
O pagamento dos investidores sukuk pelos certificados representa o custo de construção das escolas. De acordo com os princípios da lei islâmica, cada certificado representa um interesse de propriedade benéfico indivisível nos activos da sukukuk (ou seja, as Escolas). Os activos sukukuk são, no entanto, mantidos em confiança para os investidores sukukuk pelo Emissor.
Os titulares dos Certificados não têm recurso a quaisquer activos do Emitente para além dos activos do sukukuk. Uma vez que os titulares do Sukuk são os proprietários do bem (escolas), são livres de negociar os certificados no mercado secundário.

O terreno sobre o qual as escolas serão construídas foi transferido pelo OSG para o SPC e foi emitido um Certificado de Título (Certificado de Ocupação) para o SPC. Considerando que o CPE é uma empresa totalmente detida pelo OSG, as aprovações para a transferência, tais como o consentimento do governador, foram rapidamente seguidas.

O Emissor, ao abrigo de um Acordo de Agência, nomeou o OSG como seu agente para, inter alia, contratar uma empresa de construção para construir as escolas, obter todas as aprovações governamentais, gerir os aspectos operacionais e financeiros da construção por uma taxa prescrita e transferir o custo de construção acordado para o OSG. O CPE aluga as escolas ao Governo do Estado contra pagamentos de aluguer que serão remetidos ao Emissor para fazer distribuições aos investidores *Sukuk*; ganhando assim rendimentos para os investidores durante a construção das escolas.

Um Compromisso de Compra foi executado pelo OSG a favor do Emissor para dar garantias de que no final do aluguer/maturidade do Sukuk ou na ocorrência de um evento de incumprimento ou rescisão antecipada do aluguer ao abrigo do Acordo Ijarah, o OSG comprará os activos do Sukuk; sendo o preço de compra utilizado pelo Emissor para resgatar os certificados *Sukukuk* no vencimento. O Compromisso de Compra é essencial nas Finanças Islâmicas uma vez que cria uma obrigação de dívida por parte do OSG, o que elimina o risco de mercado por parte dos investidores. Um Compromisso de Venda foi também executado pelo Emissor a favor do OSG da mesma forma.

Diagrama de Osun Sukuk

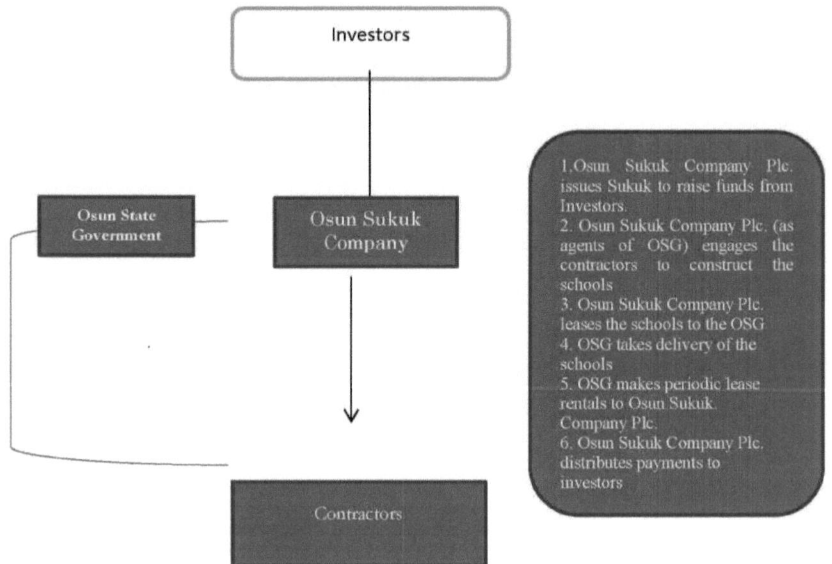

Conclusão

- O investimento Sukuk tem sido sempre preferido pelas pessoas que têm preferências pelos sistemas financeiros islâmicos. Por conseguinte, é imperativo que o mercado alvo seja identificado. A localização mais atractiva foi identificada como sendo os EAU, uma vez que estes desenvolveram um mercado forte para Sukukuk. O custo de emissão de Sukuk é mais ou pelo menos o mesmo que os títulos convencionais. Isto está a afectar o sucesso de *Sukukuk* como um todo. Sukukuk está também a enfrentar tremendas emissões em termos de negociabilidade. Está a ser efectuada uma vez que os investidores não estão em posição de negociar quando comparados com os títulos convencionais.

- O mercado para Sukuk está agora a amadurecer e há uma dinâmica crescente na esteira do interesse dos emissores e investidores. Sukukuk confirmou a sua viabilidade como um meio alternativo para mobilizar investimentos a médio e longo prazo a partir de uma enorme base de investidores. Diferentes estruturas Sukuk têm vindo a surgir ao longo dos anos, mas a maior parte da emissão Sukukuk até à data tem sido Sukuk al-Ijarah, uma vez que se baseiam na propriedade pro-rata indivisa do activo arrendado subjacente, é livremente negociável ao par, prémio ou desconto. A negociabilidade do Sukuk no mercado secundário torna-os mais atractivos. Embora menos comuns que Sukuk al-Ijarah, outros tipos de Sukuk desempenham também um papel significativo nos mercados emergentes para ajudar tanto emitentes como investidores a participar em grandes projectos, incluindo aeroportos, pontes, centrais eléctricas, etc.

- Este livro concluiu que a emissão Sukuk pela NASDAQ Dubai tem um impacto na economia dos EAU. Isto é o resultado do desenvolvimento do mercado Sukuk, que transformou a economia dos EAU numa economia mais diversificada e impulsionada pelo sector privado. Isto, por sua vez, cria uma plataforma para o mercado global de capital financeiro no apoio a iniciativas do Governo do Dubai para fazer dos EAU um centro para a economia islâmica.

- Sem dúvida, o conceito de Sukuk é sustentável e eficiente, uma vez que apresenta uma alternativa superior às obrigações convencionais baseadas na dívida através da indução da propriedade de activos. O valor que gera é claro para que todos os interessados o vejam. Nesta linha, mesmo o governo do Reino Unido tem planos pronunciados para emitir o seu primeiro Sukuk soberano. O governo do Reino Unido pretende fazer de Londres uma das maiores capitais das Finanças Islâmicas do mundo, ao lado do Dubai e Kuala Lumpur. Prevê-se que muitos Sukukuk sejam emitidos ao longo de 2014 em países islâmicos tradicionais e não islâmicos, como o Reino Unido.

Assim, Sukukuk provou ser bem adequado para o financiamento de infra-estruturas devido à sua propriedade de partilha de riscos e pode desempenhar um papel fulcral no preenchimento de lacunas de financiamento.

- Finalmente, o conceito precisa de ser mais desenvolvido e divulgado antes de o vermos mais enraizado nas economias islâmicas e convencionais do mundo, como a Nigéria. O papel vital das autoridades reguladoras não pode ser excessivamente enfatizado. Devem concentrar-se no desenvolvimento das infra-estruturas necessárias, incluindo a promoção de uma verdadeira titularização e maior clareza sobre os direitos dos investidores, encorajar a emissão soberana regular de Sukuk em conjunto com o sector privado, e participar no preenchimento da lacuna de conhecimento que impede a adopção de Sukuk pelos emissores e investidores.

Referências

AAOIFI, 2003. Normas da Sharia. Organização de Contabilidade e Auditoria para Instituições Financeiras Islâmicas, 1424/5-2003/04, p 298

Abdulkader T. & outros 2005. Structuring Islamic Finance Transactions London: Euromoney Books, 2005, p 154,

Ali A.T 2004. Managing Financial Risks of *Sukuk* Structures A dissertation submitted in partial fulfillment of the requirements for the degree of Masters of Science at Loughborough University, UK, 2004. p 40.42.

Abozaid, A. e Al-Jarhi Mabid. (2010). Razões para o fracasso de algumas emissões de Sukuk. Conferência do Centro de Investigação Económica Islâmica IRTI, Universidade Rei Abdul Aziz, Arábia Saudita.

Afshar, T. A. (2013). Compare e Contraste Sukuk (Obrigações Islâmicas) com Obrigações Convencionais, São Compatíveis? The Journal of Global Business Management, 9(1), 44-52.

Ahmed, K. (2011). Sukuk: Definição, Estrutura e Questões Contabilísticas. Visitado em 2 de Novembro de 2014, http://mpra.ub.unimuenchen.de/33675/1/MPRApaper 33675.pdf

Hayat, Usman *(11 ABRIL 2010).* *"Islâmico , explicou sukukuk das finanças".* *www.ft.com. Recuperado em 2017-03-29.* Verificar valores da data em: | data

N. J. Adam e A. Thomas, "Islamic fixed-income securities: sukukuk" em S. Jaffar (ed), Islamic Asset Management: Forming the Future for Shari'a-Compliant Investment Strategies (Londres: Euromoney Books, 2004), p.73, citado em

Naser, D; Tabsh, Ibrahim (2017), *Barreiras para a implementação de Sukuk (obrigações islâmicas) em todo o Líbano :* https: //www.researchgate.net/publication/264823501 Barreiras para a implementação das obrigações islâmicas do S ukuk no Líbano

Olandunjoye, Majeed (2014) Sukukuk as a Tool for Infrastructural Development in Nigeria Journal of Islamic Banking and Finance Março 2014, Vol. 2, No. 1, pp. 335344 ISSN: 2374-2666 (Impresso) 2374-2658 (Online)

Onagun, Abdussalam (2016). O Impacto de Sukuk no Desenvolvimento da Economia dos EAU. Journal of Islamic banking & finance, Paquistão.

Saeed, A.; Salah, O. (2014) [2013]. "Desenvolvimento de Sukuk: Abordagens

Pragmáticas e Idealistas às Estruturas Sukuk" (PDF). Journal of International Banking Law and Regulation: 45-6.

Salman S. (2008) Mercado de capitais islâmico: Estado actual e desafios de desenvolvimento. Introdução dos *mercados de capitais islâmicos: Produtos, regulamentação e desenvolvimento,* ed. Salman Syed Ali, p.9, Jeddah, Instituto Islâmico de Investigação e Formação, Banco Islâmico de Desenvolvimento.

Tariq, Ali Arsalan (Setembro de 2004). *GESTÃO DOS RISCOS FINANCEIROS DAS ESTRUTURAS SUKUK* (PDF). Universidade de Loughborough, Reino Unido. p. 9.

Thomas *A. Salah, O. (2014) (2013)* , "What are Sukuk?" . AJIF.org LLC, citado em *"Development of Sukuk: Abordagens Pragmáticas e Idealistas às Estruturas Sukuk" (PDF). Journal of International Banking Law and Regulation: 45-6.*

Thomson Reuters (2016) Estado do Relatório sobre a Economia Islâmica Global. Disponível em: https://ceif.iba.edu.pk/pdf/ThomsonReuters StateoftheGlobalIslamicEconomyReport201516.pdf

Warde, Ibrahim. 2000, 2010. *As finanças islâmicas na economia global,* Edimburgo: Edinburgh University Press. p.151

Wilson, Rodney (Fevereiro de 2013). "Sukuk Defaults": Os Investidores da Dívida Islâmica precisam de melhores dados". Economia Mundial. Recuperado a 6 de Agosto de 2015.

Sano, K. M. 2004. *Sukuk al ijarah,* documento apresentado na 15ª reunião do Conselho da Academia Islâmica Fiqh, Sultanato de Omã, 2004, p 10.

Suleiman Abdi Dualeh, 1998. Securitização Islâmica: Aspectos Práticos. Um documento apresentado na Conferência Mundial Internacional sobre Banca Islâmica, Genebra, 8-9 de Julho de 1998. p2.

IFSB-7. 2009. Capital Adequacy Requirements for *Sukuk,* Securitisation and Real estate investment, publicado em 2009, pp 3-4.

Zohra J. 2006. Sukuk Structures - A Comparative Study from a Regulatory perspective, Islamic financial news, Vol 3, n.º 18, 9th de Junho de 2006.

Monzer Kahf, The use of Assets Sukuk al-Ijarah for bridging the Budget Gap, Islamic Economic Studies, 4 (Maio, 1997), pp 75-92.

http://www.nasdaqdubai.com/listing/listing-criteria#sukuk: Visitado em 02 de Janeiro, 2015

Sano, K.M 2001. A Venda da dívida como implementada pelas Instituições Financeiras Islâmicas na Malásia, Centro de Investigação: IIUM press International Islamic University Malaysia, 1ª ed, 2001, pp 20-25.

Islamic Finance news, vol 3, n.º 18, 9 de Junho de 2006.

O conselho da Academia Islâmica *Fiqh*, na sua sexta sessão realizada em Jeddah, Reino da Arábia Saudita,
de 14-20 de Março de 1990, decidiu que a titularização de activos de volta é admissível.
Sahih Bukhari

Printed by Books on Demand GmbH, Norderstedt / Germany